I0567362

www.ingramcontent.com/pod-product-compliance
Lightning Source LLC
Chambersburg PA
CBHW061323120626
46546CB00007B/2655
9781990760570

من یک زنم

وحیده سخانش

تقدیم به اولین معلمان زندگیم

مادر و پدر عزیزم

و تقدیم به پاره های تنم فربد و فرداد عزیزم

و همه زنان آزاده و آزاد اندیش

سریال کتاب: P۲۲۴۵۱۰۰۱۱۵
سرشناسه:SAK ۲۰۲۲

عنوان : من یک زنم

پدید آورنده: وحیده سخامنش

طراح جلد: KPH Design

شابک کانادا : ISBN:۹۷۸-۱-۹۹۰۷۶۰-۵۷-۰

موضوع: عرفان/ شعر / ادبیات

متا دیتا:Literature /Poem/ Cultural/ Language art

مشخصات کتاب:Papreback /سایز رقعی

تعداد صفحات :۶۲

تاریخ نشر در کانادا: نوامبر۲۰۲۲

Kidsocado Publishing House
خانه انتشارات

کیدزوکادو ونکوور، کانادا

تلفن : +1 (833) 633 8654
واتس آپ: +1 (236) 333 7248
ایمیل : info@kidsocado.com
:وبسایت انتشارات https://kidsocadopublishinghouse.com

وبسایت فروشگاه: https://kphclub.com

سلام هم زبان

دستیابی ایرانیان مقیم خارج از کشور به کتاب‌های بسیار متنوع و جدیدی که به تازگی در ایران نگاشته و چاپ می‌شوند، محدود است. ما قصد داریم این خدمت را به فارسی زبانان دنیا هدیه دهیم تا آنها بتوانند مانند شما با یک کلیک کتاب‌هایی در زمینه های مختلف را خریداری کنند و درب منزل تحویل بگیرند.

گروه HPK و یا خانه انتشارات کیدزوکادو تحت حمایت گروه کیدزوکادو این افتخار را دارد تا برای اولین بار کتاب‌های با ارزش تألیفی فارسی را در اختیار ایرانیان مقیم خارج از ایران قرار دهد.

از اینکه توانستیم کتابهای جدید و با ارزشی که به قلم عالی نویسندگان و نخبگان خوب ایرانی نگاشته شده است را در اختیار شما قرار دهیم و در هر چه بیشتر معرفی کردن ایران و ایرانیان و فارسی زبانان قدم برداریم، بسیار احساس رضایتمندی داریم.

این کتاب‌ها تحت اجازه مستقیم نویسنده و یا انتشارات کتاب صورت گرفته و سود حاصله بعد از کسر هزینه‌ها، به نویسنده پرداخته می شود. خانه انتشارات کیدزوکادو در قبال مطالب داخل کتاب هیچگونه مسئولیتی ندارد و صرفاً به عنوان یک انتشار دهنده می‌باشد. شما خواننده عزیز می توانید ما را با گذاشتن نظرات در وب سایتی که کتاب را تهیه کرده‌اید به این کار فرهنگی دلگرم‌تر کنید. از کامنتی که در برگیرنده نظرتان نسبت به کتاب است عکس بگیرید و برای ما به این ایمیل بفرستید. از هر ۴ نفری که برایمان کامنت می‌فرستند، یک نفر یک کتاب رایگان دریافت می‌کند.

ایمیل :   info@kidsocado.com

فهرست

من یک زنم

دلم

دلم شراب ناب می‌خواهد امشب
دلم سیگاری از برگ بی‌تاب می‌خواهد امشب

دلم می‌خواهد امشب مست مست گردم
زان پس دودش کنم بی‌خواب گردم

بسوزم دودی از جنس خیال گردم
زان پس پر از پرواز ناب گردم

پریدن در کوی وحشی، کوی خیام
پریدن بر جوی بافقی و عطار

بود آرامشم خالی شدن از رنج و غصه
بود آرامشم دل سپردن به کوی قصه

بنوشم باده ای از ناب خیام
بپوشم خرقه‌ای از برگ لرزان

نه وعظی و نه حرفی از واعظ کنم گوش
نه دردی و نه رنجی برکشم دوش

شراب ناب انگور و حیاتی
جدایم کن ز هر درد و خیالی

جدا کن از سرم این درد سنگین
ببر با خود مرا به کوی رنگین

قلب صبورم

درونم آتشی روشن، برونم جنگلی آرام
درونم بیشه‌ای سوزان، برونم کوه آرامش

نمی‌دانم در این دنیای وارونه، در این آتشگه انسان
چه می‌آید به سر اما

از آرامش چه دارد انسان، حیوان ظالم و جاهل
که خود را کرده قربانی

برای چه می‌جنگد، چه می‌خواهد
چرا اخم و چرا خودخواهی و خود اصل پنداری

مگر دنیا چه ارزش دارد ای انسان
مگر آدم چه وقتی دارد ای فرزند

بخوان از عشق و از خوبی، مخوان از یأس وجانسوزی
ولی دنیا چه بی‌رحم و چه سوزان می‌برد

قلب صبورم را به یغمایش
منی که جز محبت نیست آیینم

منی که جز نکویی نیست در کیشم
ولی افسوس دنیا اینه و من اندر دام

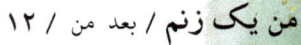

بعد من

مرگ و زندگی دو رو از یک سکه‌اند و بس
مرگ و زندگی حقیقت محض اند و بس

عزیزان بعد از من لذت برید
بر در می‌خانه ها عشرت کنید

بعد من از زندگی غافل مشید
بعد من از زجر ها دوری کنید

شادی روح من اندر خنده هاتان است و بس
شادی یاد من اندر زندگیتان است و بس

دل تنگی

دلم تنگه برای فصل پاییز
برای گریه‌های سرد یک‌ریز

برای آن زن تنهای پر تب
برای زیستن در فصل بی برگ

برای قلب پر خون و پر درد
برای آن رژ خونین بی رنگ

برای آن زن تنهای بی باک
که بی خنجر پر از دشنه است بر جان

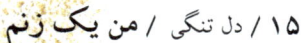

دلم تنگه برای تن، برای جان، برای تو رفیقم
دلم تنگه برای خود، برای من، برای زن، برای ناز روحم

می‌دونی دل بدون من چه رنگه
پر از خون سیاهه بند بنده

تنم بی زن، زنم بی تن، چه درده
چه فریادی پر از گریه تنیده

منم آن زن، زن سرد مه آلود
که اشکش یخ زد و خون شد غم آلود

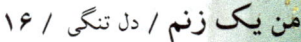

زنی بی تن، تنی بی زن، پر از بغض و پر از درد
پر از لبخند غمناک و بی‌رنگ

منم آن اشک سرد بی هیاهو
منم آن غرش رعد و بیابان

منم دریا، منم برکه، منم رود
منم صحرا، منم خشکی، منم کوه

منم دایان، منم زاها، منم مریم، منم تو
منم آذر، منم آتش، منم در

منم برق و منم درد و منم راز
بیا ای زن کنار هم تن خود

بیا بنشین کنار همدل خود
بکوب آن پای سرد استیل

بایست چون یل کنار رود پر نیل
تویی جانم، تویی هم جسم و روحم

تویی خواهر تویی رفیق جونم
بمان سرمست و شاداب و تنومند
بایست روی پایت، قوی و پیلتن

بخوان

بیا برای من بخوان
بیا برای زن بخوان

بخوان برای عشق پاک جاودان
نه از برای تن بخوان

نه از برای سردی تنت بخوان
نه از برای آن غرور ابلهانه ات بخوان

نه از برای ذهن سنگیت بخوان
بیا برای زن بخوان
برای جنس همتراز خود بخوان

من آدمم

برای من طلا نخر
مرا با غم سفر مبر

برای من عشق بذار
برای من حرمت گذار

بدان که من زنم
نه جنس دوم از تنت

نه برده‌ای برای فکر کهنه‌ات
نه از برای عقده‌ات

منم که مادر زمین
منم که آرام جهان

منم پر از صدای عشق
منم پر از غرور پاک

منم که همواره زنم
منی که چون تو آدمم

ساقی

بده ساقی زان سیگار پر دود
که دودش می‌کند هر غصه بدرود

منم امشب که آهی دارم در دل
منم امشب که دردی دارم بر سر

بنوشم ابتدا زان ناب گوارا
سپس سیگاری از برگ بویا

شوم رها از درد و غصه، شوم هست
سرشتم زندگی را از اول، از هست

تو

تو خودت کردی
تو خودت باختی

من که ساخته بودم
من که دلداده بودم

اما چه کردی با خودت
نابود کردی منو با خودت

عکسی از تو، حک بود تو قلبم
با تیرهای پی در پی پاکش کردی از قلبم

حالا دیگه تصویر تو نمیاد تو قلبم
چای بیات طعم نمیده با گرم کردن

حالا برو چون تا ته تصویرت رو پاکش کردی
جایی نمونده از تو که نابود نکردی

فردا

من مستم و از مستی هرگز نشوم غمگین
من مست می غمگین، از غم به کجا رفتن

من خود، می نابم من
از باده فزونم من

از عشق فراتر من
با درد عجین هستم

دردم ز غمم پیدا
غم در دل من پنهان

ای حزن دل انگیزم
همراه خراباتم

درد اندر دل من پنهان
من اصل غمم هر آن

فردا که شوم حاکی
آنگه شوم آزادم

زائو

زنی تنها، کودک در آغوش، جاده تاریک، ایستاده در راه
زائوی قصه، غصه ها در دل، قصه ها در سر

مادر غمدار، غم زندگی، غم سرنوشت، تلمبار این زن
فسرده منم، زن پر درد، پر غصه و پر غم

ای زندگی و ای طالع من، ای سرنوشت گریه دار من
مشرقی بودن آتشی بر جانت

کاش خاورمیانه دریای بی ته ،یا که صحرا شود بی سر
کاش اما زنان بیدارتر شوند و بس

کاش نرهامان آدم‌تر شوند
کاش ذهن‌هامان آگاه‌تر شوند، پاک‌تر شوند

زائوی قصه گریه‌ها بکن، آه‌ها بکش
آه و گریه نسل‌ها رو بکش

بعدش اما تو ای مادر یک نسل
فرزند خود را آگاه‌تر بکن، پاک‌تر و دل صاف‌تر بکن

تو مادری زاینده باش، زاینده فکر و ایده باش
زاینده عشق ناب و صافی و پاکی
زاینده اخلاق و آگاهی

مادر، معلم، رفیق کودک بی‌ریایت باش
زاینده زندگی نسل فردایت باش

خود

سر به روی هیچ شانه‌ای نذار
سر به روی شانه‌های خود گذار

دل به روی هیچ قلب سنگی وا نکن
دل به سوی اشکهایت وا بکن

مهربانوی عزیز و نازنین
تو خودت گنجی و انبوهی ثمین

گنج خود تقدیم از بهر زن ناشناسان مکن
این جماعت پر زکینه، پرزشک و پر دروغ

تو پر از پاکی و صافی و صداقت، عاشق بی ادعا
عشق خود تقدیم دل خود و عزیزانت بکن

عشق خود تقدیم عشق ساخته پر دروغش هرگز مکن
هیچ زیبا روی و زیباتن،
بی عشق و پاکی و صداقت همترازی،
زیبا نباشد ای عزیز

آن تن نر برتری جویش، پر زافکار پلید
نیست لایق بهر آغوشت عزیز

خویشتن آغوش کن تا آخرین دم بازدم
تا بمانی پر بها و پر ثمن، ناب و اصیل

نگو

من یه زنم که پُر ز عشق و ساختنم
من که پر از طلاتم و پُر ز پَر پریدنم

به خنده‌های من نگو که اون دلش سکس می‌خواد
اون از ته دلش تجاوز توپ می‌خواد

نگو که حرفای راحت می‌زنه
برای سکسه که همش رژ می‌زنه

من تنم و روحم و قلب و ذهن و جسم
من دلم و عشق و تنفر و غرور

برای خوابیدن خود، خود من تصمیم می‌گیرم
برای جسم و روحمم، خود من تصمیم می‌گیرم

برای خوابیدن من، تو ذهن خود نقشه مچین
برای رختخواب من تو جای من تصمیم نگیر

من یه زنم که عقل و روح و عشق و جان
من یه زنم که شعر و حس و هیجان
منم که تن، منم که جان

مادرم

درود بر مادرم
مادر فداکار اما قوی و آزاد

مادر نسل قوی و آگاه
مادر بود الگوی دختر و پسر

از مادر الگو یابد دختر شخصیت خود
از مادر آموزد پسر جست و جوی خود
هر مادری باید برابری آموزد

بر دخترش باشد چون اسوه‌ای در عمل
بر پسر باشد چون اسوه‌ای در افکار

پدرم

درود بر پدرها
پدر ها که بر دخترها

عشق‌ها کنند رها
به دختر حرمت نهند
به آزادی زن ارزش و بها دهند

به او استقلال وعزت آموزند
حمایت از دختر وظیفه هر پدر
استقلال هر زن همراه عزت نفس
نتیجه تربیت هر پدر

پدر بار آورد دختر آگاه
پدر بپرورد پسر با آداب

دختر من

دخترم قشنگم عزیزترین یار من
قوی و آزاد، مستقل و همراه من

زندگی قشنگه با خنده‌های دختر
زندگی چه نابه با آرزوهای زن

نترس و شجاع باش، قوی و محکم باش
استوار و آزاد، پر ایده و پر هدف

بتاز بر قلب زمان و مکان
جلوه بده زن قوی و آزاد

نشانگر زن همتراز و آگاه
زنی که می‌جنگه و می‌خنده

زنیکه می‌گریه و می‌ایسته
زنی که اتکایش به زن بودنشه

نه بر وجود یک جنس دیگر

پسرای من

پسرای من، عزیزان جان من
تکه‌های قلب من، تکه‌ای از روح من

دوستتان دارم تا به اعماق جان
عزیزان منید، پاره‌های تن من

برایتان سلامتی خواهم و شادی روح و تن
امیدهای مادر، احترام به همسر و به دختر، به هر زن

امنیت، به یار و یاور به عشق،
به همکار، به رفیق و دختر
عشق به همسر، شریک زندگی و دختر

همترازی با هر زن و احترام به انسان
خواسته مادر از عزیزانشه

نه از برای خود، از برای زن انسان

خواهرم

قشنگم عزیزترین یاورم،
همرهم ، هم تنم ، کمک جان و همدلم،

مهربان،
صبور حدیث مهر و ایثار
حدیث عشق و پاکی ، حدیث بی ریایی

ناب و صبور و زیبا چون ماه میدرخشی
در دلم مهر تو تا ابد

بر لبم خنده میفشانی تا ابد

کودک خاص

من کودکی خاص‌ام
با نیازهای ویژه

با قلبی از محبت
با روحی از صداقت

بدون تزویر ریا و حیله
بدون آزاری بر مردمان و پیله

مرا باور بدارید
مرا محترم دارید

به من طعنه نزنید
مرا از خود نرانید

مرا با نگاه خود آزار نرسانید

مادر فرزند خاص

مادری با فرزند خاص
با نیازهای ویژه

با دردهای بسیار
با مشکلات و غم ها

ایستاده و سرفراز
این مادر قهرمانه

یک مادر نمونه

اونی که از برای هر تحول کودک
قله ها رفته بالا

کوهها کنده تنها
او که عاشق بچه‌اش

تعظیم بر این مادر
درود بر این زن

باران

بزن باران

بزن بر کوی و برزن
بزن بر هر سیم و هر غم

بزن با آن صدای ناب و آرام
بزن با آن عطر پاک و نایاب

ببر غم از ته دل از ته جان
بیاور عطر گل عطر جان بخش

بیاور بردلم عطر چمن‌ها
سپس مستم کن از بوی دریا

مرا جان ده و هستم کن از آب و پاکی
مرا سرمست کن با نغمه‌های ذاتی

مرغ بخوان

من مرغِ بخوان هستم
چونِ شیر بغرم من

در وقت جفا دیدن
در اصل حقوقم من

چون برّه به راهم من
در وقت رفاقت من

این اصل تواست ای یار
تا چون بشوم پیشت

یارت شوم و یاور
یا بگذرم از کویَت

پیرزن

زنی پیر و چروکیده
پر از درد و پر از اندوه

پر از عمر هدر رفته
چقدر شسته، چقدر رُفته ،چقدر آش و غذا پخته

چقدر از عمر محدود و جوانیش شکم بوده برآمده
چقدر بچه بزرگ کرده و شوهر را نوازش داده

چه قدر از مردها ترسان
نه عشقی و نه حرفی و نه حقی قایلش بودند

نه حتی بر لباسش حق انتخاب داشته
الان او مادریست تک و تنها و بی یاور

نه بیمه و نه ثروت، نه ملکی و نه حتی پول اندک
نه حقی و نه همراهی

پر از درد و پر از عمر هدر رفته

گفتی

آنگه که مرا دیدی
در پوست نگنجیدی

از عشق و وفا گفتی
از مهر و صفا گفتی

از دوستی و عشقی تا عمق زمان گفتی
از قلب پر از احساس تا آن ور دل گفتی

آنگه که بگویم حق
مهری نبود بر جا

چون در دل تو هر روز
کبر است و پر از ریا

عشق

عشق آن درد بزرگیست که در دل جاریست
عشق آن حرف عمیقیست که بر لب جاریست

عشق آن متن غریبیست که بر تن راویست
عشق آن قلب غمینیست که بر خون راویست

عشق آن ناز و تمناست که در تن خفته ست
عشق آن عزّ و غرورست که بر من رُسته ست

عشق پستوی عمیقیست که ناهموارست
عشق دریای خموشیست که لب غرّانست

عشق هر حرف غمینیست که از جان خیزد
عشق هر درد غریبیست که جانها سوزد

تا کی

تا کی بروم چون مه، جانسوز در آتش من
تا کِی بشوم چون غم، لب دوز بر آبی من

تا کی بشوم دردی خموش بر قلبم
تا کی بشوم ماه شب نو چون برف

بعدش دلی آید، اندر پی همسویی
تا رخ بنمایم ره گیرد اندر پی حاشاها

رخ دیدن و عید است و حال است و تماشایی
من خود قمر نابم

والشمس و ضحی جویم،
نور از تو و من چون ماه

در قلب منی پنهان
ای نور زمین و عرش

دنیا

دلم دنیای آرام و پر از صلح و صفا خواهد
که در آن هر کسی باشد پر از احساس آرامش

نه پر تبعیض و پر کینه، نه پردرد و پر حیله
نه تزویر و ریا باشد

نه دستی رو به باد باشد
نه تبعیضی و نه رنگی و نه جنسی

و نه قومی و نژادی و زبانی برتری جوید
نه حیوانی از دست انسانی عذاب و درد و غم بیند

دریا

دریا چه غرنده
اما چه بخشنده

دریا چه پر شور
اما چه آرام

دریا چه آبی
پر از زلالی

پر از صدای آشنای نرم
پر از آرامش پر از صلابت

زندگی

زندگی روشن کن
آسمانت پرنور

راه خود پر ز گل
همرهت عشق و امید

مقصدت پر ز نوید
زندگی یکبارست

تا تهش شادی کن
پس بکش نقشت را تا تهش با دستت
پس بخوان شعرش را تا تهش با قلبت

سوی نور

من نروم ز کوره دَر
تا نکَنَم کوه ز بَر

من نکُنَم سرم   فرود
بر غم و غصه و فغان

من بروم به سوی نور
پر ز امید و پر غرور

من تن و روحم و روان
من پر اندیشه ام و توان

سال نو

بوی سال نو
بوی ماه نو

بوی روز نو
بوی پاکی و بوی شادی و رهایی از غم

بوی نجات و امید واری
بر لبت جاری کن آهنگی از شادی

بر تنت پوشان لباسی از فرّ و امیدواری
موفق باشی رفیق و یارم، همدم و همره و رفیق نابم

خدا

خدای من
پناه من

رفیق و یار و یاور و تکیه امید من
همیشه نور جاودان

منم پر از نیاز و پر ز خطا
تویی عطا و رحمت و کمک

کمک نما مرا همیشه ای خدا
راه نما مرا همواره ای نور رهنما

وحیده سخامنش

از زبان شاعر:

ازکودکـــی عاشـــق ادبیات، هنر ، زبـــان هـــای مختلف،
تاریخ وریاضـــی بـــودم‌کتاب می خواندم. ریاضی حل
می‌کـــردم شعر می‌گفتم بعد ازمدتی
شعرها را پاره می کر دم.
مشوقم پدر و ماردم هستند که از کودکی ذهـــن مـــرا آزاد و
پویـــا پرورانده‌اند و صد البته از کودکی ذهن برابر خواه و آزاد
داشته‌ام و از تملغ بیز ار....
اما در مرحله ای از زندگی‌ام که فکر می‌کردم دیگر به آسایش
کامل رسیده‌ام مشکلات بزرگی مقابلم قرار گرفتند. با شعر
خود را رها ساختم و اینگونه با چالش‌ها قوت گرفتم و به
پذیرش و تلاش و رها سازی خود پرداختم و فهمیدم اکنون به
بلوغ فکری و روحی رسیده‌ام ....

چند کتاب پیشنهاد سردبیر انتشارات برای شما

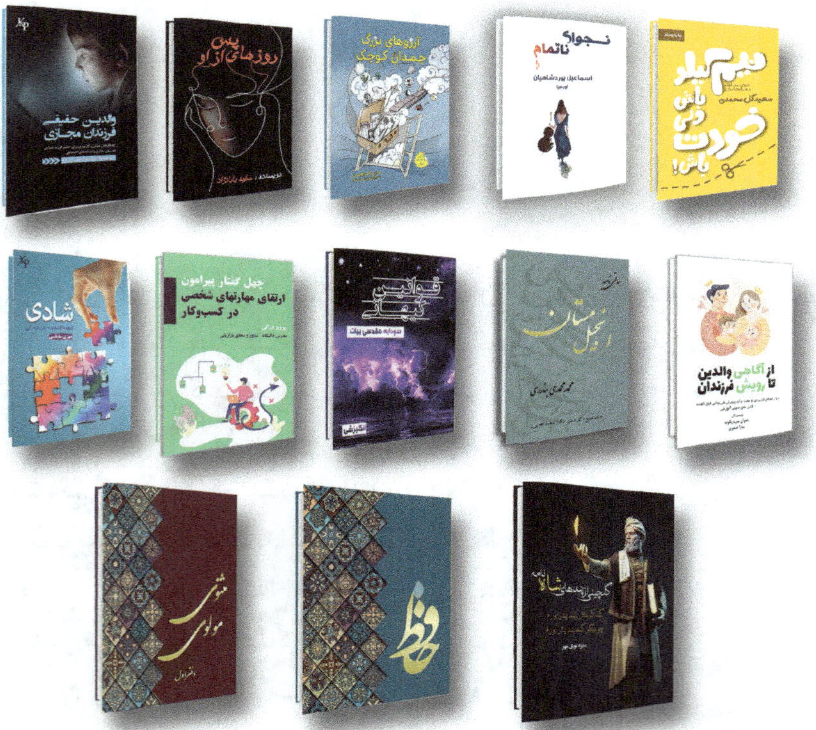

برای تهیه کتاب ها از آمازون یا وبسایت انتشارات می توانید بارکدهای زیر را اسکن کنید

kphclub.com

Amazon.com

Kidsocado Publishing House
خانه انتشارات کیدزوکادو
ونکوور، کانادا

تلفن : +۱ (۸۳۳) ۶۳۳ ۸۶۵۴
واتس آپ: +۱ (۲۳۶) ۳۳۳ ۷۲۴۸
ایمیل: info@kidsocado.com
وبسایت انتشارات: https://kidsocadopublishinghouse.com
وبسایت فروشگاه: https://kphclub.com

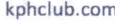